SchwarzRund

QUASI

Afroqueere Novelle

Ach je Verlag

1. Auflage

Ein Imprint der Ach je'schen Verlagsanstalt OHG, Berlin

Korrektorat: Fatma Tuna
(fatma.tuna@outlook.de | IG: @kanakademikerin)
Grafik: Zanko Loreck (zankoloreck.de)
Coverillustration: SchwarzRund

Druck und Bindung:
PRINT GROUP Sp. z o.o., Polen

ISBN 978-3-947720-68-2
eISBN 978-3-947720-69-9
Kindle 978-3-947720-70-5

VORWORT

Ich könnte mir die allergrößte Mühe geben, mit dem strengsten Lektorat arbeiten und jedes Füllwort, so sehr es mir auch am Herzen liegen mag, streichen: Ich würde einen Teil meiner Leser*innenschaft weiterhin uninformiert zurücklassen. Diese Einleitung kann, will und wird nicht der Geschichte der Dominikanischen Republik und Haitis – *la isla* – gerecht werden. Ich werde den Mut zur Lücke wagen und, wie an dem Tag, an dem ich diese Geschichte geschrieben habe, darauf hoffen, Menschen den Impuls zu geben, sich mit der Geschichte meiner Heimat, der Dominikanischen Republik, die so eng mit der Geschichte Europas verbunden ist, zu beschäftigen.

2015 wurden über Nacht tausende Dominikaner*innen staatenlos, ein dark-skinned Schwarzer Mann wurde erhängt. All das war in deutschen und englischen Nachrichten zunächst kaum Thema. Busse standen in den Hauptstädten, Kinder wurden über die Grenze nach Haiti gefahren und ich fühlte mich wortlos – denn wie sollte ich erklären, was ich selbst kaum begreifen konnte? In meiner Familie gibt es ultranationale Dominikaner*innen, die darauf bestehen, nicht Schwarz zu sein, es gibt dark-skinned Personen, die nach diesen Nächten über Monate verschwunden waren und es irgendwie wieder über die Grenze nach Hause schafften.

Doch in meinem hochpolitisierten Umfeld wurde darüber nicht gesprochen, ich merkte: Es reicht nicht, eine Schlagzeile zu teilen, es fehlt das grundsätzliche Verständnis für die komplizierte Verbindung zweier Länder, deren Großteil der Population versklavte Vorfahren hatte und doch zwei gänzlich gegensätzliche Wege im Prozess der Befreiung beschritt. Während Haiti als erstes Schwarzes Land bereits 1804 gegründet wurde, wird 2019 in *Orange ist the New Black* das

Dominikanisch-Sein noch immer folgendermaßen charakterisiert:

»Dominicans talk a lot and play baseball and are always like ›I'm super not black‹ even though Haiti is the exact same island«. (»Dominikaner*innen reden viel, spielen Baseball und sind immer so ›Ich? Ich bin absolut nicht Schwarz!‹, obwohl Haiti auf der exakt gleichen Insel liegt.«)

Daran ist absolut alles wahr, abgesehen von dem vielen Reden – wir haben nur sehr viel zu sagen. Du kannst entweder jetzt in die Geschichte eintauchen und später ins Vorwort zurückkommen, oder weiterlesen.

Race in der dominikanischen Republik

Im Rahmen meines Masterstudiums versuche ich genau das, was nicht benannt werden darf, zu benennen: Wie kann ein Land, dessen genetische Herkunft zu 94 % auf dem afrikanischen Kontinent liegt, so sicher sein, kollektiv und individuell etwas zu lange in der Sonne gewesen zu sein? Wie kann gerade dieses Land sich eine Insel teilen mit Haiti, welches sogar beantragte, in die Afrikanische Union aufgenommen zu werden? Die Antwort liegt in verschiedenen historischen Abschnitten der Geschichte, die Schuld in der Kolonialisierung, dem Kapitalismus und bei einzelnen Personen, die nicht wahrhaben wollten, was der Blick in den Spiegel verrät: Die Dominikanische Republik ist ein Schwarzes Land, mit Schwarzen Bewohner*innen und der traumatischen, erzwungenen Überreise über den Atlantik, der Familien prägt. Drei Faktoren möchte ich für das dominikanische Paradoxon benennen, allesamt sind Teil der versteckten Seite der Moderne. Denn Europas Industrialisierung, Entdeckungsdrang und Verbesserung des Lebensstandards gehen einher mit der Versklavung und Ausbeutung Afrikas, dem kulturellen und physischen Genozid an den Taíno und der Zerstörung des Selbstverständnisses. Diese verdeckte Seite, wie Mignolo sie nannte, ist nicht ein bedauerlicher Nebeneffekt, sondern Bedingung von Kolonialismus, Kapitalismus und Industrialisierung gewesen.

1. Outsourcing der Versklavung

Um diesen Punkt zu verstehen ist es wichtig, alles, was du über *Race* in Deutschland und den USA weißt, zu vergessen. In der Dominikanischen Republik gab es eine komplexe Ausdifferenzierung von großen Weißen, kleine Weißen, Schwarzen Menschen, die versklavt wurden und jenen, die als Stellvertreter*innen für weiße Plantagenbesitzer*innen Schwarze Menschen versklavten. Oft waren es uneheliche Kinder zwischen Weißen und Schwarzen Versklavten, sie waren meist heller als die neu eingetroffenen Afrikaner*innen. Dies führte dazu, dass diese light-skinned Schwarzen Menschen selbst anbauen durften. Sie gaben ihr Geld allerdings weniger freizügig aus, als die kleinen Weißen. Somit wurde es über die Generationen aus kapitalistischen Gründen attraktiver, einen gut gestellten, hellen Schwarzen Menschen zu heiraten, als einen schlecht gestellten, kleinen Weißen. Doch lag hierin auch eine Gefahr: Schließlich waren sie trotz allem alltäglich im Kontakt mit den neuen Versklavten und es galt eine Allianz jener, die Geld und jener, die berechtigte Wut haben, zu verhindern. Durch die Zugeständnisse von Rechten wurde eine neue Klasse geschaffen: die der Schwarzen, die gerade hell genug waren. Somit konnten dark-skinned Schwarze Menschen weiterhin versklavt werden, ohne das unwillige, große Weiße sich gezwungen sahen, selbst in der Dominikanischen Republik leben und arbeiten zu müssen, um Aufstände zu unterbinden. Die Kolonialisierung des Bewusstseins lautete wie folgt: Solange du nicht versklavt bist, ergo dich nicht Schwarz nennst, kannst du es zu etwas bringen.

2. Trujillo und die Idee des *fix the race*

Trujillo wird gerne der ›verrückteste‹ Diktator Lateinamerikas genannt. Das ist zwar ableistisch und doch kann auch ich mich der Bezeichnung nicht ganz entziehen. Er wurde 1930 - mithilfe US-amerikanischer Truppen - ins Amt geputscht und regierte die Dominikanische Republik bis zu seiner Ermordung 1961. Seltsame Geschichten gibt es über ihn, zu viele, aber das ›Verrückte‹ war die angebliche Widersprüchlichkeit. Doch scheint sein Handeln sehr kohärent unter der Prämisse, der er selbst Nachkomme von Haitianer*innen unterlag: *mejorar la* *raza, verbessere die Rasse*. Hier eher zu übersetzen mit dem ebenso faschistisch konnotierten: *verbessere den Volkskörper*. Durch ihn wurde der Hass auf dark-skinned Personen zur politischen Leitdoktrin. Obwohl er großer Bewunderer Hitlers rassistischer Politik war, war er einer der wenigen Staatsoberhäupter, der den vor allem weißen Jüd*innen Zuflucht bot. Das ist kein Widerspruch, denn sein Rassismus fußte nicht vornehmlich auf Religionszugehörigkeit, sondern auf der Helligkeit der Bürger*innen. Die hellen Jüd*innen erlebten eine Verschiebung der rassistischen Fremdzuordnung: galten sie in Deutschland als schädlich für den arischen, weißen Volkskörper, wurden sie zur Aufhellung desselbigen in der Dominikanischen Republik instrumentalisiert und genossen aufgrund des zugeschriebenen Weiß-Seins Privilegien.

3. Europäische Schönheitsideale

In der globalisierten Welt beeinflussen die europäischen Schönheitsideale, die Teil der Kolonialisierung der Welt sind, auch die Identitätsfindung afro-karibischer Personen. Alle körperlichen Eigenschaften, die dem afrikanischen Kontinent zugeordnet werden, gelten als weniger wertvoll. Das europäische Schönheitsideal, helle Haut, wenig Kurven und eine dünne Statur - oder zumindest das Erstreben jener Eigenschaften - versprechen nicht nur bessere Chancen bei der Suche nach einer Beziehung, welche sowohl historisch als auch in der Gegenwart finanzielle und gesellschaftliche Sicherheit verspricht, sondern auch bei der Erreichung beruflicher und persönlicher Ziele. Der haitianische Philosoph Trouillot beschreibt diese koloniale Kontinuität und schlussfolgert daraus, dass dies weiterhin der beste Schutz des globalen Nordens vor einem gemeinschaftlichen Schwarzen Bewußtsein ist. Solch ein Schwarzes karibisches Bewusstsein hätte das Potential, koloniale Kontinuitäten, wie den Neo-Extraktivismus, also die Ausbeutung Mittel- und Südamerikas durch westliche Interessen, zu überwinden. Diese Verbindung von Schönheitsidealen, rassistischer Zuordnungen und politischen Handlungen zu begreifen, ist ein weiterer Baustein, um die Geschehnisse im Jahr 2015 besser einordnen zu können.

Was macht einen dominikanisch?

2013 gab es eine Gesetzänderung, die 2015 zu Abschiebungen führte. Bereits hier kommt die deutsche Sprache an ihre Grenzen: Im Spanischen und Englischen wird die Übersetzung für das Wort Deportation verwenden, doch im deutschen Kontext ist dies anders. Allerdings suggeriert das Wort Abschiebung, dass vorher eine Migration durch die Person oder zumindest der Eltern stattgefunden hätte. Dies war bei Weitem nicht bei allen der Fall, denn in der Dominikanischen Republik wird die Staatsbürgerschaft durch die Geburt auf dem dominikanischen Boden gewonnen. Deswegen haben viele, vor allem Schwarze Dominikaner*innen, als einziges Dokument ihre Geburtsurkunde, die bis zur Gesetzesänderung als Ausweis diente. Wann immer meine Eltern mit mir eingereist sind, reichte meine Geburtsurkunde, um mich als Bürger*in passieren zu lassen. Der deutsche Staat beißt sich bis heute die Zähne daran aus, uns die doppelte Staatsbürgerschaft zu entziehen. Schließlich kann ich noch so oft gegenzeichnen, die dominikanische Staatsbürgerschaft abzulegen, ich kann nicht ändern, wo ich geboren wurde und welche Rechte damit einher gehen. Allerdings gibt es in dem Gesetz einen kleinen Nebensatz, der im Jahr 2013 geändert wurde: Wer »auf Reisen« geboren worden ist, erhält nicht automatisch die dominikanische Staatsbürgerschaft. Dieses Gesetz wurde ausgeweitet: Wenn die Eltern vor dem Jahr 1929 keine dominikanische Staatsbürgerschaft gekriegt haben, gelten sie nicht als Dominikaner*innen und ihre Kinder wurden somit »auf Reisen« geboren, selbst wenn die Vorfahren seit der Versklavung stets in der Dominikanischen Republik gelebt haben. Über Nacht verloren somit Tausende Dominikaner*innen ihre Staatsbürgerschaft, beziehungsweise die Möglichkeit, diese nachzuweisen. Welches Kind hat schon die

Papiere der Verwandtschaft vor dem Jahr 1929 stets bei sich?

Die Nächte

Vielleicht wird es dir ein bisschen bitter auf der Zungenspitze, Übelkeit und Unverständnis verschaffen sich den Weg in deine Magenhöhle. So ging es mir damals, doch konnte ich kaum darüber reden, fühlte mich nicht nur wie viele migrierte, queere Linke allein gelassen mit meiner Wut, Empörung und Trauer: Es war darüber hinaus fast unmöglich zu erklären, was dies für mich bedeutete. Bisher kannte ich dieses Problem nur aus der Hurricane Saison, doch das war einfach zu erklären: Es war die Angst davor, dass Verwandte sterben. Etwas, das einfach nachzufühlen ist. Ich konnte das Gefühl der Einsamkeit schnell durch das Gefühl, verstanden zu werden, ersetzen.

Doch in diesen Nächten, in denen ich versuchte Artikel aus dem Spanischen zu übersetzen, Kampagnen von Amnesty International teilte, in der Hoffnung das andere empfinden würden, was ich empfand, entschloss ich mich, dieses Gefühl des nicht-kommunizierbaren Schmerzes aus der Distanz, in die Geschichte *Quasi* zu bannen.

Seit ihrem Erscheinen im Jahr 2015 habe ich auf unzähligen Bühnen genau das erzählt, nach der Lesung Geschichten verschiedenster Minoritäten und Länder erfahren, die ich versuchte, mit den Werkzeugen einzuordnen, die mir meine westliche Bildung gab. Die Verzweiflung in den Gesichtern jener, die merken, dass ihre Geschichte erneut falsch eingeordnet und verstanden wird, konnte ich nachempfinden. Wir haben uns darüber unterhalten – wieder und wieder. *La faculdad* nannte Anzaldúa dieses empathische Nachempfinden. Denn das eigene Ego und Schamgefühl, darüber etwas nicht zu wissen, darf in diesem Moment nicht Teil der Konversation sein. Punkt. Die Gespräche nach den Lesungen waren für mich das Klassenzimmer, diese Fähigkeit auszubauen, die Realitäten anderer nicht unverzüglich zu kommentieren und einzuordnen, sondern wahrzunehmen, um diesem tiefergehenden Gefühl des Ausgelassen-Werdens aus der Geschichte der Welt soviel Raum zu geben, wie es mir möglich ist.

Quasi ist weniger ein Fenster, durch das du eine Familie betrachtest, sondern eher ein Account eines Fremden, in den du dich ausversehen eingeloggt hast. Es werden verschiedene Sprachen gesprochen, die du nicht verstehst, Unterhaltungen brechen ab, ohne dass es dir nachvollziehbar scheint. Diese Geschichte ist eine Spur, ein Fragment der Konsequenzen des über Jahrhunderte anhaltenden Projektes der Kolonialisierung und des Widerstandes.

SchwarzRund, 2020

Zum weiterlesen

- Afro-Latinos Have A Conversation On Blackness With Their Parents - YouTube (2020). Online verfügbar unter https://www.youtube.com/watch?v=4TQulOOCUZE, zuletzt aktualisiert am 26.09.2020, zuletzt geprüft am 26.09.2020.
- Anzalduá, Gloria (1987): Borderlands. The new mestiza. United States: Aunt Lute Books.
- Candelario, Ginetta E. B. (2007): Black behind the ears : Dominican racial identity from museums to beauty shops / Ginetta E. B. Candelario. Durham [u.a.]: Durham [u.a.]: Duke University Press.
- Divided island: How Haiti and the DR became two worlds - YouTube (2020). Online verfügbar unter https://www.youtube.com/watch?v=4WvKeYuwifc, zuletzt aktualisiert am 17.11.2020, zuletzt geprüft am 17.11.2020.

- Mignolo, Walter D. (2011): The darker side of Western modernity. Global futures, decolonial options. Durham: Duke University Press (Latin america otherwise). Online verfügbar unter http://site.ebrary.com/lib/alltitles/docDetail.action?docID=10516146.
- Simmons, Kimberly Eison (2010): Reconstructing racial identity and the African past in the Dominican Republic. Gainesville: University Press of Florida (New World diasporas).

QUASI

1960

SANTO DOMINGO

Das Schwenken des Rums löste zwar keine Geräusche aus, dafür ein gewisses Empfinden. Es war nicht der Alkohol, der in ihr kribbelte, sondern vielmehr das Gefühl der Zugehörigkeit. Ihre Hose an den straffen Körper angelegt, das Oberteil umspielte ihren Körper genau auf jene Art, die sie liebte. Um sie herum saßen 15 Männer, alle in ähnlichen Klamotten wie sie, ebenso ein Glas Rum in ihrer Hand. Dominosteine lagen zwischen ihnen, sie drehten sie kunstvoll um die eigenen Finger. Leise Gespräche zwischen lauten Gesprächen, um die Geschäfte zu regeln, um über die Familien zu sprechen, um über die ganzen Wohnblöcke zu debattieren. Viele der Männer hatten genug Geld in den Familien, um sich zu versorgen, einige weniger Geld, dafür zumindest Land oder gewisse Einflussnahme, die sich keiner so recht erklären konnte.

Sie hatte nichts von alledem, oder nicht in jener Art, wie es sich in so einer Tischgemeinschaft gehörte. Alle um sie herum benannten nicht, wie sie es geschafft hatten, in diesem Land voranzukommen, trotz des Rassismus und der kolonialen Ordnung bis in ihre Gegenwart. Es war nicht ihre Art damit umzugehen, oder sich mit ihrer Identität zu beschäftigen. Schließlich blieb unbenannt, was der offensichtlichste Unterschied zwischen ihr und den anderen war, sie war dunkler wie sie.

Sie lehnte sich nach rechts zu ihrem Sitznachbarn. Lauthals rief sie ihm entgegen, dass er, wenn er weiterhin so spielen würde, einfach direkt seine verdeckten Domino-Steine lauthals verkünden könnte. Die anderen Männer lachten lauthals los, gaben dem ratlosen Mann, der das Spiel doch nie in Gänze beherrschen würde, Ratschläge. Sie riefen im zu, welchen Stein er legen soll, da sie tatsächlich bereits wussten, welche in seiner Hand lagen. Sie lehnte sich zurück, betrachtete die Runde, die Wärme des Rums kroch in ihre schmerzenden Glieder. Sie war endlich dort, wo sie hingehörte. Hatte genügend Jahre gelebt, keiner konnte mehr ignorieren, wie sie ebenso eine große Familie anleitete.

Von ihrer Großmutter hatte sie gelernt, abzuwarten. In ihrer Familie waren es seit Generationen Frauen, die führten, jedoch hat dies nicht das Verhalten der Herren verändert, die die anderen Familien leiten.

Abuela lächelte in sich hinein. Der Grund, warum alle aus ihrer Familie selbst im Alter Kind blieben, war genau ebenjener. Nur so konnten sie mit der Kraft und Energie der Jugend im Sinne der Familie Einfluss nehmen, erst wenn sie ein Alter erreicht hatten, indem sie an den Tisch durften. Energisch forderte sie ihren Sitznachbarn auf, ihr Glas aufzufüllen, stieg wieder in die Aushandlungen ein, erstritt für ihren

Sohn eine Anstellung beim Bäcker. Dort ausgebildet, würde er später hoffentlich eine gute Frau heiraten, die dann ihre Rolle übernehmen würde.

2015

BERLIN

Prüfend zupfte sie an ihren Achselhaaren, während in ihr ein sonorer Dialog in die nächste Runde ging. Das Haar kringelte sich sofort zu den anderen Härchen ein. Es war immer die gleiche Überlegung, wenn die Haare die Grenze von Stoppel zu Locke überschritten. Der Rasierer tatenlos in der Hand, Endscheidungsfindung in einer postmigrantischen Berliner Göre.

Die Argumente lieferten einen hitzigen Schlagabtausch, einige Erinnerungen und traumatische Momente äußerten sich ebenfalls, am Ende siegte die Uhr. Dann wäre sie halt heute die, die dem queeren Dresscode zu sehr folgt, deswegen Achselhaare hat. Statt die, die dem männlichem Diktat gehorcht und sich deswegen rasiert. Es kam nicht oft vor, aber ja, es gab Dinge, bei denen sie nicht so echt wusste, ob überhaupt eine selbst getroffene Endscheidung existierte.

Sie zog ihr süßestes Kleid an, freute sich dann doch etwas über den Widerspruch im Spiegel, machte sich auf zu einem neuen Tag Arbeiten mit whiteys.

»Ah gut das du pünktlich bist«, schallte es ihr am Eingang der Werkstatt entgegen, ihr weißer Chef sah wie immer überrascht aus. Seit 3 Jahren war sie täglich pünktlich (keine besondere Leistung, wenn die Arbeit 2 Haustüren entfernt ist), aber ihr Chef war jedes mal erneut positiv überrascht. Sie ließ dies unkommentiert, wenn Rassismus ihr Lorbeeren einbrachte, nutzte sie dies für ihre Karriere, quasi ein kapitalismusfreundlicher Umgang. Auf ihrer Werkbank wartete ein guter Stapel an Luxus-Aufträgen für unnötige Dekorelemente reicher Leute. Den Arbeitsplatz Nummer Eins ignorierend ging sie weiter in ihr Büro, wo noch ein Entwurf vom gestrigen Tag auf eine Fertigstellung wartete. Dort lag ein Brief bereit, auf dem ein Stiftungssiegel prangte.

Sehr geehrte Frau Wendolyn Steinfeld,

Wir von der *Stiftung für ein okayeres weißes Gewissen* freuen uns, Ihnen bestätigen zu können, dass wir den von Ihnen gestellten Antrag positiv beurteilen. Für die nächsten zwei Jahre werden sie in den Räumen unserer Stiftung ihr Projekt zu *»Rassismus in der Werkstatt« (siehe zum Titel Anmerkung unten)* umsetzen können.

Ihr Antrag hat uns sehr beeindruckt, vor allem ihr sprachlicher Ausdruck. Wir freuen uns, dass sie uns in diesem Land helfen, den Kulturunterschied zu ihren Landsleuten zu verringern und eine wahre Willkommenskultur durchzusetzen. Gerade die Tatsache, dass sie aufgrund ihrer doppelten Staatsangehörigkeit quasi halb und halb sind, brachte uns zu einem positiven Entscheid.
Wir danken Ihnen auch für den geduldigen Briefwechsel mit uns, auch wenn wir weiter-

hin der Meinung sind, dass der Name: Hand in Hand: Arbeiten mit dem Fremden! Für Toleranz gegen Fremdenfeindlichkeit im Handwerk! den Kern der Sache besser getroffen hätte.

Auf eine gute Zusammenarbeit in den nächsten zwei Jahren,

Ihr Heino Müller

Stiftung für ein okayeres weißes Gewissen
Rubrechtstr. 10
13426 Berlin

Ihre Hände zitterten, Tränen tropften auf die zustimmende Unverschämtheit in Briefform. Nach Monaten des Briefwechsels war ihr Traum endlich in Erfüllung gegangen, sie würde wieder ein Projekt leiten, zu ihren eigenen Regeln arbeiten.

Eine Hand tippte auf ihre Schulter, sie schrak zusammen. Hinter ihr stand eine Schwarze Frau, ein neuwertiger Blaumann kleidete sie ein.

Sie schluckte, fragte im werkstattüblichen rauen Tonfall: »Moin, fängst du hier neu an?« konnte nicht glauben, bald nicht mehr die einzige Schwarze Person im Betrieb zu sein.

Verunsichert antwortete die Neue: »Ich habe einem Probearbeiten zugestimmt, der Chef meinte, dass ich nach einer Frau suchen soll, die wie ich aussieht... Ich schätze mal, das bist dann du.« Die beiden sahen sich an, versuchten herauszulesen, wie sehr die andere Person politisiert war, ob der anderen Person klar war, wie absurd solch eine Aussage ist und sie prusteten gleichzeitig los.

Wendolyns Anspannung der letzten Monate löste sich, endete in einem Lachanfall, der schnell in einen Schluckauf überging.

Sie ließ sich zu Boden sinken, stupste mit ihrer Stahlkappe die Tür zu. Die Schwester, das dreifache Gewicht ihrer selbst, mit Sicherheit 15 cm kleiner, mit der dreifachen Anzahl an Piercings im Gesicht, reichte ihr ein Glas Wasser.

»Ich weiß ja nicht, ob ich unter einem Chef arbeiten will, der uns für identisch hält und gleichzeitig eine Firma zum exakten Nachbau von Kunsthandwerk anbietet. Ich mein, er scheint nicht gerade der Beste in der Kita gewesen zu sein, wenn es um *Finde den Fehler im zweiten Bild* ging.«

Während sie sprach, half sie Wendolyn auf, hielt ihre Hand nach dem Einschlagen fest, stellte sich vor als Miriam. Die beiden lösten ihre Hände, Wendolyn schob das angenehme Gefühl auf das Lachen. Es lag sicher nur daran, Lachen und Projekte außerhalb dieser Hallen waren der Grund für ihr Hochgefühl. Den Brief in die Vordertasche geklemmt zeigte sie Miriam die Werkstatt, gedanklich längst daheim, wo sie via Skype mit ihrer Oma auf ein gutes Glas Rum anstoßen würde.

2015

BARCELONA

Der Schweiß ließ die Kopfhaut kribbeln, es kräuselte. Im Spiegel des Fahrstuhls sah sie es, es kräuselte. Mit einem Taschentuch bewaffnet, versuchte sie ihre Frisur zu retten, diese hatte sich anders entschieden. Neben ihr sprachen zwei weiße Männer im rasend schnellen Katalan und es fielen Wörter, die sie sonst nur aus Berichten ihrer Cousinen kannte. Wörter, die ihre Haut, ihre Haare, ihre ganze Menschlichkeit in Frage stellten, sie ausstellten. Sie drückte ihr Kreuz durch, sah den beiden direkt ins Gesicht: »Könnten sie bitte ihr Gespräch über meinen Körper auf einer Sprache sprechen, die ich nicht beherrsche? Das dürfte zwar nicht so einfach sein, da ich immerhin neun Sprachen fließend spreche und alle angelehnten Sprachen zum Teil dechiffrieren kann. Doch wüsste ich es sehr zu schätzen, wenn sie sich jene Mühe machen würden.« Beim Verlassen des Fahrstuhls ließ sie ihren Koffer über den Fuß des gehenden Mannes fahren und den Griff an den Arm des rollstuhlfahrenden Mannes knallen, ohne ein Wort der Entschuldigung. Vier Minuten in jenem Land, welches ihre Vorfahren versklavt hatte, bereits jetzt fühlte sie sich wie koloniales Treibgut. Spanien hatte eine recht große Rechnung bei ihr offen – sie würde es zumindest dazu zwingen einen Teil zu begleichen.

Entschlossen ging sie zum Check-out und erhobenen Hauptes zu dem Taxifahrer, auf dessen Schild der Name »Miguel Fernandez« stand.

Ihre Hand fummelte an der Verschlusskappe des Eddings, öffnete ihn, zog ihn blitzschnell hervor. Sie strich den Namen Miguel durch, schrieb Sarah hin. Der Mann, der dies realisierte, fluchte. Ohne ein Wort drehte sie sich um, ging erneut zu dem Herren, begrüßte ihn mit ausgestreckter Hand »Soy Sarah Fernandez, ¡buenos dias!«.

Sie stieg mit ihm ins Taxi, scholl sich dafür, den Abholdienst in Anspruch genommen zu haben, unterbrach die transfeindliche Situationsanalyse des Taxifahrers, indem sie ungefragt über ihre Unipläne sprach. Sie verriet ihm nicht, dass sie Medizinerin war. Die Ankunft war furchtbar genug gewesen. Das Taxi schlängelte sich an der Küste entlang Richtung Campus, wo ein Herbergszimmer auf sie wartete. Der Edding verschmierte sicher ihre Tasche, sie ignorierte es, sie würde ihn heute sicher noch öfter brauchen. Innerlich formulierte sie den Beschwerdebrief an ihre Sachbearbeiterin beim Austauschprogramm, wohl wissend, dass dies zu nichts führen würde. Dank der Sachbearbeiterin war ihr Traum, in Spanien ein Jahr sie selbst zu sein, geplatzt.

Sie scrollte abwesend durch die Beiträge in ihrem sozialen Netzwerk. Ihre Schwester grinste ihr auf einem Bild entgegen mit einem Glas Rum in der Hand, daneben ein deutscher Text, den sie nicht verstand.

2015

SANTO DOMINGO

Ihre Finger erfühlten die Tasten. Ihre neunzig Jahre alten Augen waren in den Ruhestand gegangen, stattdessen übernahmen ihre Finger den Job.

Vor vier Jahren hatte sie das erste Mal an einem Computer gesessen, damals noch die Buchstaben auf der Tastatur gesehen. Sie war stolz darauf, in ihren Fünfzigern das Lesen gelernt zu haben, sah den Computer nur als erweitertes Schreibpapier an. Als sie vor 4 Jahren von dem Gratistelefon im Computer erfuhr, hatte sie ihren Enkel so lange bedrängt, bis dieser das Projekt »proyecto loco« mit ihr startete. Via Tastenkombinationen brachte er ihr bei, Skype zu starten, war beeindruckt, wie ihre faltigen Finger über die Tastatur rannten. Sie scholl ihn einen Nichtsnutz, wenn er in den ganzen Jahren nicht verstanden habe, wie klug sie sei, gab ihm einen leisen Kuss zum Dank, hörte die Stimme ihrer Enkelin. Als sie das unsichere Spanisch-Englisch-Gemisch ihrer Enkelin hörte, antwortete sie: »Hola nieta, i hope that you are as smart as your mother and as caring as your father. I put mucho work in them to become good-good Personajes! Tell me, that you haven't changed them. It was a lot work. You know your father.« Beide lachten. Verstanden einander kaum, redeten über alles, weil alles jetzt gesagt werden wollte.

Heute war es für sie Alltag über Skype mit ihren Enkeln zu sprechen. Sie beschrieben ihr immer, wie schön sie war, sie ließ sich von Verwandten erzählen, wie die Enkel heute aussahen.

Die Musik ertönte, ihre Finger nahmen den Anruf an. Wendolyn redete in harter Sprache drauf los, wechselte erst langsam in den gewohnten Englisch-Spanisch Mix, der sich im

Austausch bewährte. Sie berichtete davon, wie sie für zwei Jahre ihre eigene Chefin sein würde. Zumindest zum Teil Leuten helfen würde, die es in einem weißen Land schwer haben. Sie nutzte oft diese Begriffe, *weiß*, *Schwarz* und *deutsch*. Alles, was die Diktatorin daraus ziehen konnte, war die Erkenntnis: Dieses Land unterschied sich nicht groß von ihrem. Sie hob ihr Glas Rum, drückte es gegen ihren Bildschirm, beide riefen Salud und Prost. Ihre Enkel machten sich, waren starke Frauen, hatten sich gegen vieles durchgesetzt. Sie war stolz auf sie, hörte noch ein wenig Wendolyns Erzählungen zu, dämmerte leicht weg. Sie verstand vieles nicht. Warum eine Zärtlichkeit in ihrer Stimme lag, während Wendolyn über die neue Kollegin sprach. Es schien Wendo glücklich zu machen, das war das Entscheidende. Sie interessierte sich nicht dafür, was angebracht oder unangebracht war, nur für das Glück all jener, die sie liebte. Sie wünschte ihrer Enkelin eine gute Nacht, nickte mit einem Glas Rum in der Hand langsam ein.

2015

SANTO DOMINGO

Sebastian sah den Rum langsam auf den Teppich tropfen, seine Oma schlief fest. Vorsichtig nahm er ihr das Glas aus der Hand, deckte sie zu, nahm den Laptop mit in die Stube. Dort schimpfte seine Mutter mit seinem kleinen Bruder, rief ihm zu: »Gut, dass Oma nicht deine Oma ist, sonst würde sie es dir nicht durchgehen lassen, ständig ihren Computer zu nehmen, ohne zu fragen! Verschwinde ins Bett und drücke da auf dem nutzlosen Ding rum. Ihre Tochter hilft dir nachher bei den Hausaufgaben, denk also nicht mal daran einzuschlafen. Wenn du 90 und bisabuela bist, darfst du tagsüber schlafen.«

Schnell klaute er sich noch ein paar Gabeln vom Teller seines Bruders, verdrückte sich ins Schlafzimmer. Es waren 1276 Besucher*innen auf seinem Kanal gewesen, er schnappte nach Luft, rief die Ländergrafik auf. Gut die Hälfte der Besucher*innen war irgendwo in Europa zu finden, er scrollte näher heran, Spanien.

Das meistgesehene Video war »Ten things every black Dominican loves«, mit Abstand das meistkommentierte. Neben den vielen N-Wort-Kommentaren, gab es erneut einige, die sagten, er sei zu dunkel, um Dominikaner zu sein. Genervt löschte er die meisten, ließ zwei unterm Video stehen. Einen, welcher seine Mützenwahl positiv bemerkte, einen anderen auf Deutsch, von seiner Quasi-Cousine. Sie waren nicht blutsverwandt, doch die Familien seit Generationen unter einem Haus vereint. Sicher war sich niemensch, wie es dazu gekommen war, doch seine Cousine bestand darauf, dass sie nicht Cousinen sondern Quasi-Cousinen_Cousins waren. Ihr Verständnis von Familie war ihm unbegreiflich.

Er wunderte sich erneut, dass sie trotz des Quasis so oft unter seinen Videos schrieb. Er verstand kein Wort, ließ die Kommentare stehen. Er mochte die *1-Deutschland*, die in seiner Channelstatistik stand. Er wusste, wer diese 1 war, diese 1 sprach über seine Arbeiten auf einem anderen Kontinent. Bislang hatte Wendolyn keine*n überzeugen können, es blieb stets bei derselben Ziffer.

2015

BERLIN

Die Augen ihrer Oma fielen häufiger zu, die beiden verabschiedeten sich. Wendolyns Gedankenchaos schwieg für rare Minuten, ersetzt durch die Freude über die Verbundenheit. Nach so vielen Monaten der Angst und des Bangens war die Panik und Gereiztheit ihre neue Normalität geworden. Ihre Gedanken nahmen sachlich das Glücksgefühl wahr, doch scheiterten daran, dies dem Körper zu vermitteln. Dieser ließ sich nicht überzeugen, sich zu entspannen. Ihre Schläfen brummten, ihre Beine träge vor Schmerz.

Zur Ablenkung blickte sie auf ihre Wand, ging stoisch ihre Sprüchekarten durch. Vor einigen Jahren war sie mit einem Menschen zusammen gewesen, der die klügsten Sprüche auf Karten schrieb und in der Wohnung aufhing. Eine Darstellung der eigenen Intelligenz und – wie sie es sich heute eingestehen musste – der eigenen weißen Überlegenheit. Nach dem Auszug hatte sie die Karten im Waschbecken angezündet, einer der besten Momente ihres Lebens. Ihre Freundinnen, die den Auszug euphorisch begrüßten, fingen in einer langen Barnacht an, die lächerlichsten Sprüchekarten zu sammeln und mit diesen ihre Wohnung zu dekorieren. Eine vielseitig viereckige Hasscollage gegen Klassismus, zugleich ein hervorragendes Tool zur Ablenkung von Phantomschmerzen.

Das Kribbeln in den Beinen ließ nach, die Freude war präsenter. Zusammen mit der Zusage kamen seitenweise Formulare, in denen sie darlegen sollte, ob ihre Angaben stimmten. Während Arte Europe ihr erneut erklärte, warum, welche Länder nicht so toll sind wie Deutschland und Frankreich, las sie sich die Anforderungen durch. Da die Stiftung eigentlich nur Ausländerprojekte fördert, musste sie ihre Zweistaatlichkeit nachweisen. Nochmal. Erneut. Wir bitten Sie. Sie schnaufte. In einem Land, in dem Staatsangehörigkeit so sehr an Blut gebunden war, wie in Deutschland, schien es unvorstellbar zu sein, durch Geburtsurkunde ihre Staatsangehörigkeit nachzuweisen. Sie war dort geboren worden, somit war sie laut Verfassung unveräußerlich dominikanisch. Copy und Paste, zum zigsten Mal kopierte sie diesen Erklärungstext in ein Dokument.

Irgendwann würde sie zu ihrer Familie fliegen, erleben, was ihr Vater so oft beschrieben hatte.

»Nimm die deutsche Staatsangehörigkeit, die können dir die andere nicht nehmen. Sobald du Zuhause, dort, ankommst und deine Geburtsurkunde zeigst, geben sie dir deinen Pass. Er liegt dort, er wartet da auf dich, egal, was hier passiert«, klang seine Stimme in ihr nach.

Diesen Ausweg zu kennen, dieses Ankommen im Hintergrund, gab ihr Sicherheit. Eine Illusion, die sicher zwei Meter hinterm Check-out ihr Ende finden würde, doch diese zwei Meter wären die ersten Sekunden des Daseins, des Berechtigt-Seins. Etwas, das ihr dieses weiße Land niemals geben würde. Ihr Blaumann zwickte, sie ließ die Schnallen aufspringen, Holzspäne gesellten sich zu denen im Teppich. Aus der Anlage rumpelte The Wohlstandskinder, energisch brüllte sie ihrer leeren Küche entgegen: »Hundert Gebete an die RICHTIGE Adresse«, es war die richtige Adresse gewesen. Die nächsten zwei Jahre würde ihr »radikales Hobby« ihr Job sein. Für zwei Jahre würde sie alles, was sie in ihrer Gewerkschaft und an ihren Stammtischen hörte, nutzen, nutzen um den Handwerkskammern, Arbeitgebern und Firmenbossen einen beizupulen. Einen mitzugeben, sich zu wehren. Vielleicht würde das ja irgendwas ändern, vielleicht würden andere nicht mehr durch solch eine Ausbildungshölle gehen. Ihre Schulter ziepte, das tat sie noch immer. Selbst zehn Jahre nachdem ihre Arbeitskollegen ihr mit einem Messer in den Arm geschnitten hatten, tief reingeritzt hatten, was sie für sie war. Ein Tattoo kaschierte die Narben ungenügend. Audre Lordes Kopf, überdeckte mit ihrem Afro das N-Wort, das tiefer als die Farbe in ihrem Körper geritzt blieb.

»Arme Audre«, murmelt sie vor sich hin, sie hätte Besseres verdient, als als eine Ausbesserung solch einer Narbe zu enden. Sie hätten beide Besseres verdient.

Auf ihrem Handy erschien eine Nachricht ihrer Schwester, sie hielt inne, sah sie auf dem Airport von Barcelona in die Kamera strahlen. Die Haare flach an den Kopf gedrückt, nur eine kleine Welle am Ansatz zeigte, wie die Hitze ihre Spuren hinterlassen hatte. Nur die kleine Imperfektion, die eine Welle verriet, sie waren sich einander ähnlicher, als Wendolyn es oft wahrnahm.

2015

BARCELONA

Ein grünes Häkchen verriet: Wendolyn hatte ihr Foto erhalten. Wie immer wartete Sarah auf die Antwort, wie immer erscheinen die drei Pünktchen statt einer Antwort. Das Aufleuchten bezeugt zumindest, wie ihre Schwester schweigend abwägt. Mit jedem Anlauf bricht ein kleines Stückchen der letzten Hoffnung auseinander. Sarah weiß nicht mehr, seit wann ihre Schwester nicht mehr antwortet. In der ersten Zeit wurden die Antworten nur immer kürzer, immer kühler, sachlicher, eines Tages folgten nur noch Pünktchen.

Sie ließ ihr Handy in die Tasche gleiten, räumte ihr kleines Studierendenzimmer ein. Für das nächste Jahr würde sie alleine leben.

Nur für sich in einem Zimmer, ohne Familie, in einem Land, das ihre Muttersprache sprach, die sie nicht verstand. Ein Land, welches ihr die Möglichkeit bot, ihren Facharzt zu machen, wo nicht jeder sie an der Uni kannte, in dem sie nur Sarah sein konnte. Sie ließ sich auf ihr leeres, kleines Bett fallen, streifte die Schuhe ab, ließ ihre Augen zufallen. Alles drehte sich, während sie langsam wegdriftete, verwandelten sich ihre letzten Eindrücke. Die Pünktchen wurden zu Buchstaben, aus denen Sätze entstanden. Die Sätze breiteten sich aus zu einem Dialog zwischen ihr und ihrer Schwester. Sie sagte Wendolyn, wie sie ihrer Oma ähnelte, ihre Schwester würde zugeben, wie sie sie vermisst hatte. Die beiden würden füreinander nur zärtliche Worte finden. Wendolyn würde sie niemals mit dem seltsamen Namen ansprechen, sondern nur mit Sarah. Sie scholl sich für ihre Naivität, erwachte durch das Realisieren der Absurdität ihrer Imagination. In ihrer Tasche vibrierte es, sie angelte die Tasche vom Tisch, griff nach ihrem Handy. Die drei Punkte hatten sich verändert in Wörter, Sätze und in Zärtlichkeiten: »Sarah, es ist toll, dass du so nah an mir bist. So wenige Meter. So wenige Stunden. Ich hoffe, die Courage zu finden, dich zu besuchen. Du bist immer herzlich willkommen bei mir Zuhause.«

Ein weiteres Foto wartete in ihrem Posteingang, ihr Freund schaute mit traurigen Augen in die Kamera, hinter ihm an der Wand der Hütte 365 kleine Zettelchen befestigt. Auf dem nächsten Foto war zu sehen, wie er das erste Zettelchen von der Wand nimmt, sich gekünstelt freut. Die erste Freude über das Gesicht ihres Freundes verging, als sie wieder die vielen Zettelchen hinter ihm sah. Jedes stand für einen der vielen Tage, an denen sie alleine sein würde. Sie schluckte die Trauer herunter, ließ die Tränen nicht zu, beschloss stattdessen, nach neuen Menschen zu suchen, schließlich wohnte sie in einem Studierendenwohnheim. Draußen an ihrer Zimmertür hatte sie bereits den falschen Namen abgekratzt, ihren richtigen Namen ergänzt. Leise ging sie die Gänge ab, kontrollierte weitere Wände auf der Suche nach dem falschen Namen. Die erste Nacht würde sie damit verbringen, ihr erstes Jahr ohne Miguel vorzubereiten.

Zettelchen, die auf ihr wiederkommen warteten, auf denen Verletzungen standen, die Verletzungen verdeckten. Ihre Entscheidung, den Kontinent zu wechseln, ihre Entscheidung, in Gänze zu sich zu stehen, verbrauchte viel Papier, Energie, doch würde sie vielleicht einige Schritte weiter bringen. Der Ortswechsel hatte schon lange nicht mehr viel mit ihren Studienplänen zu tun, er war Symbol für vieles Andere. Eine Gruppe Studierender ging an ihr, der Neuen in ihrem Wohnumfeld, vorbei. Niemensch fragte, ob es ihr gut ginge, ob sie alleine schlafe, oder ob sie einen Tee wolle. In dieser ersten Nacht wurde ihr klar, dass *Zuhause* etwas anderes bedeuten würde. Es wird nicht mehr ein Ort sein, der in jeder Sekunde durch Herzlichkeit erzeugt wird. *Zuhause* ist jetzt dort, wo ein Zettel ihr Zuhause bezeugt, jedoch niemensch ihr das Gefühl geben würde, ruhen zu können.

Ergebnislos schlurfte sie zurück in ihr Zimmer, besah sich die kahlen Wände, fing an, diese mit Fotos von ihrer Familie zu füllen. Einige der Fotos waren auf schlechtem Papier ausgedruckt, grobkörnig und doch ihre liebsten. Sie zeigten ihre Familie, die mit ihr diesen Kontinent teilte, auf dem sie angekommen war, bewiesen: sie war nicht die erste, die in das Land der Conquistadores gekommen war. Auch die anderen hatten es geschafft, sich hier ein Zuhause zu bauen, anzukommen. Sie fragten sich sicherlich nicht mehr, ob sie hier gewollt waren. Sie war sich sicher, dieses Gefühl würde nach einigen Jahren abklingen.

2015

BERLIN

Die Steifheit ihres neuen Blaumannes behinderte sie beim Rennen, ihr Körper bewegte sich zu langsam, um einer beeindruckenden Fluchtszenerie gerecht zu werden. Ihre Gedanken rotierten in Lichtgeschwindigkeit. Eines ihrer ersten Themen würde die Verstrickung von Sexismus und Rassismus am Arbeitsplatz sein. Vielleicht sollte sie das Thema der Blaumänner ansprechen. Einerseits waren die Schnitte nur an eine Art von Körper ausgerichtet, welcher einer flachen Brust bedarf, andererseits ist in Blaumännern eine schnelle Beweglichkeit nicht gesichert. Was einleuchtete, denn die Menschen, die meistens Blaumänner trugen, waren sehr oft eben jene, die genug Zeit hatten, in ihrer Freizeit ihre Kleidung zu wechseln, um Menschen wie sie zu jagen.

Und sie jagten.

Wendolyn atmete mit jedem Meter schwerer, die Nacht umschloss sie, langsam hörte sie nur noch ihre Schritte auf dem Asphalt. Sie wagte es, sich für einige Sekunden umzudrehen, die Straße hinter ihr war leer, endlich. Sie hatte ihre Verfolger abgeschüttelt. Verzweifelt suchte sie nach einem Zopf-Gummi, um ihren Afro zusammenzubinden. Sie war wütend auf die eigene Nachlässigkeit, denn das Wegbinden der Haare war immer das Erste, was sie auf dem Heimweg tat. Sonst trug sie nicht den auffälligen Blaumann, der weiße Typen noch mehr verleitete, sich in ihrer Männlichkeit bedroht zu fühlen. Ihr Fokus war normalerweise, dieser Bedrohung zu entgehen. Es hatte nicht viel in ihrer Vergangenheit geändert, trotzdem war sie wiederholt die Straßen entlang gehetzt, doch sie konnte sich dann wenigstens einreden, alles gegeben zu haben.

Verschwitzt erreichte sie ihre Wohnungstür, öffnete sie mit einem kleinen Tritt, verschwand in ihrer Wohnung. Endlich alleine. Nach einigen tiefen Atemzügen vibrierte ihr Handy. Ein schneller Blick darauf zeigte ihr das neueste Video ihres quasi-Cousins. Sie ließ sich auf die Couch sinken, drückte auf Play.

2015

SANTO DOMINGO

Sebastians Augen wurden schwer. Das Einzige, was ihn wach hielt, war die Ermahnung seiner Mutter. Er scrollte seine Pinnwand entlang, las einen Artikel nach dem anderen, versuchte zu verstehen, um was es ging.

Er verstand all diese Politik-Blogger nicht, es erschien ihm sinnlos. Zu offenkundig, zu wenig erheiternd. Es war nicht das, was er unter YouTube verstand. Er quälte sich durch einige Zeitungsartikel, sein Gehirn setzte langsam die losen Fetzen zusammen. Je mehr er begriff, was die Artikel sagten, desto mehr wurde er sich seiner Umgebung bewusst. Nebenan war es erschreckend ruhig geworden, nur der Fernseher gab noch Nachrichten bekannt. Er stürmte in die Stube, sah seine Mutter in einem Berg aus Dokumenten versinken, Tränen rannten über ihre Wangen, während der Reporter erklärte, wie sich das Leben ihrer Familie gänzlich ändern würde, könnte, werde. Es war nicht klar, niemandem war irgendetwas klar. Zu wenige Informationen zu diesem Zeitpunkt. Er ließ sich zu seiner Mutter auf den Boden sinken und nahm sie samt der Dokumente in den Arm. Ließ seine Tränen ihre Haare kräuseln. Ließ ihren Tränen freien lauf. Ließ die Ratlosigkeit sie umfangen, während die Dokumente, die nichts versprachen, ihr Nährboden waren.

Nebenan erwachte die alte Dame, hörte die Stille, die so gar nichts in ihrem Haus zu suchen hatte, griff nach ihrem Stock. Als sie in die Stube kam, erklärte der Mensch im Fernsehen weiter, dass die Regelung nicht für diejenigen gelte, die vor 1929 geboren seien. Diese seien ausgenommen von der Neudefinition von »in Bewegung«. Sie ließ den Stock fallen, sah die beiden verschränkten Körper auf dem Boden knien. Ihre Familie würde zerbrechen, nach so vielen Jahren. Das Wort *quasi*, drängelte sich in ihren Kopf, Wendolyn nutzte es, um den Unterschied zwischen Blutsverwandten und jenen, die ohne Blutsverwandtschaft Teil der Familie sind, zu benennen. Das Wort *Quasi* würde über ihre Zukunft bestimmen, darüber wie ihr Lebensabend aussah. *Quasi* oder *echt*, würde eine Frage sein, die vieler Antworten bedurfte. Quasi stand für Schmerz, für Trennung, war nicht Teil ihres Verständnisses der Welt, würde es jetzt werden.

2015

BARCELONA

Oma würde es hassen. Das war alles, was durch ihren Kopf schoss, doch sie liebte es. Sie besah sich den Berg an Röcken, den sie soeben erstanden hatte, trank ihren Kaffee auf dem *Sarah* stand und genoss den großen Kaffeeladen. In der Größe des Ladens konnte sie untertauchen, in der Menge waren mehrere Schwarze Menschen zu sehen, sie nickte einer anderen Schwarzen Frau zu. Sie hatte nie verstanden, warum die bloße

Präsenz anderer Schwarzer Menschen so benennenswert war, dass ihre Schwester dazu regelmäßig trilinguale Facebook-Posts schrieb. Doch nachdem sie am heutigen Morgen das erste

Mal ihre Mitstudierenden gesehen hatte, wurden ihr die Beweggründe deutlich.

Am Morgen war sie eine gute Stunde zu früh in die Universität gefahren, zwar hatte sie vorher auf dem Briefweg auf ihren Namen hingewiesen, doch nach ihrer Anreise wollte sie auf Nummer sicher gehen. Sie dachte, es gäbe nichts Schlimmeres als ihren Medizinprofessoren in Santiago, die allesamt cis-Männer waren, zu erklären, wie sie angesprochen werden sollte. Es ging schlimmer, nämlich bei weißen cis-Männern. Wenigstens das Gespräch mit ihrer Fallbetreuerin war angenehm verlaufen. Sarah scholl sich für ihre Überlegungen, ob die adrette Mittfünfzigerin trans war. In ihrem Kopf erklärte die kluge der neugierigen Stimme, wie absurd es ist, so etwas an Äußerlichkeiten festmachen zu wollen, irgendwann gaben beide entnervt auf. Internalisierte Dinge ergaben selten einen Sinn, sie beschloss, dem Ganzen nicht mehr Raum zu geben, als es ihr passte. Ihr Handy-Wecker wies auf das Ende des freien Blocks hin, sie machte sich auf zur Universität. Dort angekommen fiel ihr eine weiße Studierende um den Hals, drückte energisch ihren Kopf an die eigene Schulter, sprach davon, wie alles nicht so schlimm sei. Sarah löste sich etwas aus der Umarmung, versuchte zu begreifen, um was es ginge. Unsortiert erklärte ihre weiße Mitstudentin die Situation: »Also, nun. Ich habe gerade Nachrichten gehört und es ist echt furchtbar, dass... dass die schon wieder. Also schon wieder einen von deinen erschossen haben.« Sarah fragte verblüfft, wer *die ihren* denn seien. »Na, du kommst doch aus den USA, da haben die schon wieder einen Schwarzen erschossen. Hast du nicht gesagt, dass du aus Dallas kommst? Da in der Nähe ist das glaube ich passiert, also in...« Sarah löste sich aus der Umarmung, versuchte ihre Umsiedelung nach Dallas zu begreifen. »Du ..., du hast jetzt nicht gerade wirklich die Dominikanische Republik mit Dallas verwechselt, oder?« Die Tränen der Weißen schienen zu verpuffen und einer kühlen Härte zu weichen. »Du könntest ja auch mal dankbar sein, dass ich so ein Mitleid zeige, wenn ihr euch immer in Gefahr bringt! Ist doch klar, dass ihr dann abgeknallt werdet, wenn ihr so aggressiv drauf seid, wie du gerade! Wenn ihr unsre Hilfe mal annehmen würdet, wäre alles viel einfacher!« Selbstgerecht rückte sie ihre verheulte Bluse zurecht, der Pferdeschwanz zuckte über ihre Schulter als sie sich ruckartig davonmachte. Sarah starrte der absurden Szenerie hinterher, schüttelte gedankenverloren den Kopf, wollte trotzdem herausfinden, was in der Nähe von Dallas passiert war. Ein Foto von einem Schwarzen Mann erschien auf ihrer Pinnwand, um den Hals ein Strick, am anderen Ende des Strickes ein Ast. Unter den Füßen, nur Luft und in den Augen der Tod.

Santiago ist nicht nah an Dallas, aber der Körper verschwand unter der Flut an toten Schwarzen Körpern auf ihrer Pinnwand, Geflüchtete im Mittelmeer, Erschossene in den USA. Ein erhängter Schwarzer Mann in Santiago, nur 197 Kilometer von dem Ort entfernt, an dem ihre

Oma lebt, 3,5 Kilometer von dem Ort, an dem sie gelebt hatte. Sie schaute sich das Bild genauer an, in der Hand des Erhängten war etwas Gelbes zu erkennen; ein Zettel, einer von 365 Stück.

2015

BERLIN

Das Video spielte ab, sie verstand kaum ein Wort. In schnellem Spanisch sprach ihr Cousin aufgeregt von politischen Geschehnissen. Als ein Foto von einem Schwarzen Mann aufleuchtete, der erhängt im Baum hing, schaltete sie das Video aus. Wütend klappte sie den Laptop zu, fragte sich, warum ihr Cousin solch pietätlosen Clickbait betrieb. Wusste er nichts von der Schwarze Geschichte des Erhängens? War ihm nicht bewusst, dass so etwas traumatisierte? Für ihn mochten Nachrichten erhängter Schwarzer Menschen kein Alltag mehr sein, für sie schon. Sie spürte die tiefliegende Frustration darüber, wie ihre Geschwister sich verorten konnten, einen Ort hatten, an dem sie passten, an dem sie weder Kolonialherren noch Versklavte waren, sondern Menschen. Wie sollte sie jemals eine emotionale Verbindung zu ihnen finden, wenn ihre Lebensrealitäten so verschieden waren.

Sie würde ihren europäischen Ausweis ohne Groll gegen die Chance dort zu leben eintauschen. Zu wütend, um zu reflektieren, zu unverortet um die eigene Privilegiertheit spüren zu können.

Am nächsten Morgen war das Video vergessen, sie machte sich auf zur Arbeit. Dort wartete strahlend ihre Praktikantin, schalkhaft grinsend mit einem Vertrag in der Hand. »So, wenn es so weiter geht, ist das hier bald ein Black Business, Sister!« Ihr Chef trat ein, erklärte begeistert, wie sehr er sich freue, Menschen wie ihnen einen Arbeitsplatz bieten zu können. Nachdem sein gutes Gewissen genug gestärkt wurde, umarmte er Wendolyn väterlich, flüsterte ihr etwas zu nah ins Ohr: »Damit du dich nicht so einsam fühlst und bei deinem neuen Job auch nicht vergisst, was für ein Vorbild wir hier sind!« Gemeinsam mit Miriam verschwand sie in ihr Büro, kramte nach ihrem Rum. Sie füllte sich und Miriam ein Glas ein, sie stießen an, besprachen den gemeinsamen Arbeitstag. Ein Großkunde wollte eine Schmuckanfertigung für einen Barock-Abend, viel kolonialer Kitsch hieß es im Auftrag. Beide beugten sich über die Vorentwürfe ihres mäßig begabten Chefs. Wendolyn schluckte schwer, denn der Preis einer Schwarzen Arbeitskollegin war der Verlust jeglicher Chance, Miriam näher zu kommen. Um der Nähe zu entgehen, setzte sie sich an ihren Computer, die Vorlagen-Recherche diente als Ausrede. Ihre Pinnwand ploppte auf, auf ihr viele Bilder aus dem Video ihren Cousins. Endlich wurde ihr klar, es ging hierbei nicht um eine gestellte Szene, sondern es zeigte die Gegenwart, die Realität. Darunter stand Racismo. Und Haitiano.

Wendolyns Augen versagten den Dienst, die Panik übernahm, ratterte eine traumatische Erfahrung nach der nächsten runter, holte Vergangenes ins Jetzt.

1995

SANTO DOMINGO

Kleine Löcher entstehen im Bezug des Kissens, meine kleine Finger krallen sich fest. Der Kopf ins Kissen gedrückt. Reisekrankheit und diese Busse vertragen sich nicht. Auf der Ladefläche eines Transporters sind einige Bänke verschraubt, für einige Pesos kommst du sehr weit. Mit uns im Bus sitzen ein Dutzend Frauen, die meisten von ihnen im lauten, schnellen Spanisch den Tag besprechend. Nur eine schweigt, die anderen sitzen abgerückt von ihr, beachten sie nicht. Meine Mutter streichelt über meinen Rücken, mein Afro kuschelt sich um mich herum, in den lauten Gesprächen finde ich Ruhe, Zugehörigkeit. Dieses Gefühl wird je unterbrochen durch das Bremsen des Fahrers, die Plane wird aufgerissen. Ein Maschinengewehr steht im Raum, den Menschen, der sie hält, sehe ich kaum, es ist so, als wäre nur die Maschine da. Der Mann schaut die Fahrgäste an, nur meine weiße Mutter grüßt er, die Schwarzen Frauen mustert er kritisch. Er ist selbst Schwarz, dies scheint in diesem Moment aber kein Grund zu sein, um die eigenen Geschwister zu erkennen. Er fordert die Frau, die alleine sitzt, zu etwas auf, ich verstehe zwar nicht die Sprache, aber den Gestus. Er drückt ihr die Spitze der MG in den Bauch, schiebt sie mit dem Gewehr aus dem Bus, brüllt immer lauter FRANCES? HAITIANO?

Ich schaue durch meine Finger, begreife nicht, was die Frau getan haben soll. Ein anderer Mann tritt ihr in die Kniekehlen, sie geht zu Boden. Einige beherzte Frauen springen auf, reden in schnellem Spanisch auf den Polizisten ein. Meine Mutter erklärt mir leise, dass sie dem Mann erklären, dass die Frau ihre Arbeitskollegin ist, der Mann versucht der Frau die Tasche zu entreißen, tritt sie erneut, da zieht eine der Frauen dem Mann die eigene Ta-

sche über den Kopf. Meine Mutter mischt sich nicht ein, hält mich, schaut die Szene schockiert an. Die Frauen bugsieren die paralysierte Einzelgängerin zurück auf die Ladefläche, schließen die Vorhänge, schreien den Fahrer an, endlich loszufahren.

Sie trösten die Frau, wenden sich dann wieder ab. Erschossen werden sollte sie nicht, aber Teil ihrer Gruppe sollte sie auch nicht sein.

2015

SANTO DOMINGO

Mithilfe einiger Bücher hatte er die Laptopkamera ausgerichtet, saß gestellt bequem in der einzigen Perspektive, die kaschierte, dass ihn von draußen nur Wellblech trennte. Er ging erneut die Punkte seiner Rede durch, startete die Aufnahme. Es war zu heiß für viele Takes, zu beängstigend für zu viel Entertainment. »HalloBuenosDiasGutenTagHiHi.« Er klatscht in die Hände, ärgerte sich über seine Standard-Begrüßung, die für die aktuelle Situation zu laut, zu schrill war.

»Heute ist einer dieser Tage, aus der Küche dampft der Duft von Reis und guten Saucen, mein kleiner Bruder hat ein verschmiertes Gesicht und doch... ist alles anders.«

Er sah sein eigenes Gesicht im Bild, nicht wie sonst schalkhaft verschmitzt, sondern ernst, erwachsen, traurig. *Polit-Tuber*. So schnell kann es gehen.

»Wie ihr ja schon am Titel des Videos festgestellt habt, geht es heute nicht um Pointen, Anekdoten oder Ähnliches. Es geht darum, dass Menschen in Bäumen erhängt werden. Heute. 2015. Es geht darum, dass ich bald nicht mehr drehen werde. Soy Dominicano. Aber eben nicht nach der neuen Definition. Soy Dominicano. Pero die Regierung sieht es anders.« Er spürte, dass der gescriptete Text, der ihn eigentlich kalt lassen sollte, Distanz bringen sollte, durch die Kamera wirkte. Der junge Schwarze Mann im Kamerabild hatte Tränen in den Augen. Der junge Schwarze Mann war er, war er Dominicano?

»Es geht vielen unter euch sicher wie mir, Politik-YouTuber sind nicht euer Ding, Nachrichten kaum verständlicher Quatsch. Wozu brauchen wir Nachrichten, wenn sie doch nur von den Weißen sprechen? Doch heute habe ich einen Teil verstanden. Er beängstigt mich. Wer hier geboren ist, bleibt Dominikaner, daran kann nichts etwas ändern, richtig? Bis heute. Denn die Verfassung sagt, das gilt nicht für Leute, die in Transit geboren wurden, ergo nur auf Reisen. Dieses *Reisen* wurde neu definiert. Alle die nach 1929 hier geboren wurden – und das sind alle, die ich kenne, deren Eltern nicht nachweislich Dominikaner*innen sind..., die müssen gehen. Busse sind gebucht. Die ersten Schwarzen Wohnsiedlungen wurden durchsucht. Soy Dominicano. Aber wen interessiert das schon?«

Er blicke in die Kamera, die Tränen rannten sein Gesicht herunter. Es knallte, eine Millionen Sterne nahmen sein Blickfeld ein, als der Stock der bisabuela seinen Hinterkopf traf. »Du bist so ein Idiot. Weißt du denn nicht, dass die Diktatorin des Hauses 1925 geboren worden ist? Weist du denn nicht, dass du dadurch Dominikaner bleibst?«

Doch da war dieses Wort. Sie stockte. Ließ sich auf einen Sessel sinken.

Quasi. Quasi Bisabuela. Quasi. Quasi Dominikaner. Sie war seit er denken konnte seine Oma gewesen, doch wenn es nach dem Blut ging..., es war alles komplizierter, unbenannter, verschwiegen. »Deine Diktatorin war mehr als dumm. Die Jugend begreift schneller.«

Mit belegter Stimme sprach es Sebastian aus: »Soy dominicano – quasi.«

2015

BERLIN

»Wendolyn, hat das eine Glas Rum dich etwa ausgeknockt?« Eine Hand fuhr durch ihren Nacken, sie schrak auf. Das Atmen ging schwer, es brauchte viel Aufmerksamkeit, damit der Sauerstoff den Körper erreichte. In abgehakten Sätzen erklärte sie Miriam von den Ausweisungen, die zeitgleich in der Dominikanischen Republik passierten. Miriam drückte ihren Kopf an sich, strich ihr über den Rücken.

»Ein junger Mann erhängt ... Im Park, in der Stadt, in der meine Schwester eigentlich lebt...« Sie begriff, befreite sich aus Miriams Nähe, tat, was sie schon zu lange vermieden hatte: Sie rief ihre Schwester an.

»Hola? Wendolyn?«

»Si, Hola.«

Schweigen auf beiden Seiten der Leitung.

»Did you now him? The guy … in the tree?«

Wendolyns Stimme zerbrach, die Antwort genügte. Der Mann im Baum, es war ihr Mann, der Zettel, 364 klebten weiterhin an einer Wand, in einer armen Schwarzen Gegend und warteten nicht mehr nur auf Sarahs Heimkunft, sondern auch auf seine.

2015

BARCELONA

Das erste Gespräch mit ihrer Schwester, das erste Mal ihre Stimme hören und es ging um den Tod. Eine Geschichte, die sie sich oft selbst erzählt hatte, zerbrach. Das erste Gespräch sollte jenes sein, in dem beide den Draht zueinander fanden, nicht aufhören konnten zu lachen, in wenigen Minuten Schwestern waren. Heute waren sie beide Trauernde. Sie ging an ihren Laptop, rief ihre Oma an, das Gespräch war lange vorher vereinbart gewesen, sie sehnte sich nach dem klugen, zärtlichen Gesicht der Diktatorin.

Abuela würde Sarahs Tränen nicht sehen können.

»Hola Abuela - como«, weiter kam sie nicht. Abuela redete in schnellem Spanisch auf sie ein. Die Gesetze wurden geändert, doch sie solle sich keine Sorgen machen. Sie sei sicher, sicherlich weiter Dominikanerin. Hoffentlich, aber sie solle erst mal nicht zurück kommen. Ihre jetzige Identität sei schließlich nicht als ihre Enkelin gemeldet, sondern als ihr Enkel.

»Sarah - Miguel ist Dominikaner. Ich weiß nicht, wie es für Sarah aussieht. Die Nachrichten sind so schlecht in diesem Land ... niemand weiß, wer betroffen ist, es geht um... «, die Diktatorin stockte. Sie hasste es, zu benennen, jene Worte zu nutzen, mit dem sich Wendolyn als einzige in der Familie selbst beschrieb. »Es geht wohl nicht nur um Haitianer, die jetzt herkommen. Es geht um Schwarze, es geht auch um uns. Und um Sebastian. Seine Familie ist nicht verbunden mit uns, sie haben keine Papiere. Und es hängen Menschen in den Bäumen, ein Mann aus deiner Stadt.« Sarah schluckte. Sie wusste nicht, wohin mit all ihren Ängsten, alles was sie wollte, war, in das nächste Flugzeug zu steigen, um in den Armen ihrer Oma Trost zu finden. Um die Kleidung von ihm mitzunehmen, das Mahnmal aus Zetteln zu entfernen, seinen Leib aus dem Baum zu nehmen. Nur Miguel, den es nie gab, könnte dies tun.

»Oma, es war mein Mann. Es ist mein Mann, der dort im Baum hängt.«

»Dann wird er weiter hängen. Er ist bereits gegangen. Sarah - es tut mir leid. Du musst in Spanien bleiben. Verrate keinem bei der Behörde, was hier passiert.«

Sarah schrieb auf einen der Zettel hinter sich: *Er ist gegangen*, klappte den Laptop zu, zerbrach in der Stille des spanischen Studierendenwohnheims.

2015

BERLIN

Sie öffnete erneut das Video ihres Cousins, begriff, dass ihr Traum der Rückkehr zerplatzt war. Ihr Vater war seit langem verstorben, wie zur Hölle sollte sie an Nachweise kommen, die ihre Geburt durch eine Dominikanerin, welche nicht als *auf Reisen* galt, bewiesen? Wenn sie zurückkehren würde, dann als Deutsche. Als koloniale Deutsche. Sie würde nicht *zurückkehren*, sondern nur dorthin verreisen. Sie verließ ohne ein Wort ihre Arbeitsstelle, ging nachhause, sank in sich zusammen. Keiner ihrer weißen Freunde würde verstehen, was dies in ihr auslöste. Sarahs Mann hing im Baum, Sarah war allein in Spanien.

Wendolyns Projektantrag lag halb ausgefüllt auf dem Schreibtisch. Ihr Traum, zwei Jahre lang ihre eigene Chefin zu sein, zerplatzte, die Stiftung hatte klargemacht, dass die Förderung von deutschen Schwarzen nicht ihr Gebiet sei und nur ihre bestätigte Zweistaatlichkeit eine Förderung ermögliche. Bei der jetzigen Gesetzeslage wäre das sicher schwer zu erhalten. Tränen rannten über ihr Gesicht und sie schrieb auf ihre Pinnwand:

»Danke DR, nach zwei Jahren habe ich endlich eine Bewilligung für mein Projekt und kann dies nicht ausführen, weil ihr beschließt tú no eres dominicana.«

2015

BARCELONA

Sarah konnte nicht glauben, was Wendolyn geschrieben hatte. War *das* ihr größtes Problem? Glaubte sie wirklich, eine verlorene Förderung sei die schlimmste Auswirkung? Der Begriff Schwester fühlte sich hart und metallisch an, die Wut siegte.

Während sie die Worte sammelte, um ihrer Schwester zu erklären, wie schmerzhaft ihre Ignoranz war, sah sie ihre Benachrichtigungen, 463 Stück und 4353 Nachrichten. In den Nachrichten: Bilder von ihr vor der Transition, er im Baum, Bilder, auf denen ihr Mann zu sehen war, in großen Lettern darüber »fag«. Bilder, die zeigten, was Menschen ihr antun wollten.

Wie hatte ein privater Post von ihr so viele Menschen erreichen können? Woher wussten all diese Menschen, dass sie trans war? Woher, Warum... Sarah starrte die Berge an Nachrichten an, spürte die Einsamkeit, die Hilflosigkeit, die Überforderung, die Angst ... soy Sarah, soy dominicana...

Soy. Ihr ganzes Sein zerbrach nach und nach durch Gesetze, Hass. Sie starrte die Nachricht ihrer Schwester an. Stiftungsgelder.

Sie sah die Welten, die zwischen ihnen lagen, die Stufen, die ihre Schwester nicht erklimmen musste, weil sie oben stand, während Sarah am Treppenbeginn über einen Berg an Trauer steigen musste, um zu ihr zu gelangen.

Soy Sarah, soy dominicana, soy hija única.

2015

BERLIN

Wendolyn lag auf ihrem Bett, der Kopf gebettet auf Miriams Bauch. Sie hatte bei ihr angerufen, gefragt was los sei. Letztendlich war sie vorbei gekommen, letztendlich war es doch passiert.

Miriam streifte über ihre Schulter, weckte sie vorsichtig auf. »Wendolyn, dein Handy vibriert im Sekundentakt.«

Sie angelte verschlafen ihr Smartphone, sah, dass Facebook explodierte. Bilder ihrer Schwester in Montage aufgeknüpft an einem Baum. Die Luft in ihrer Lunge verschloss ihre Atemwege, sie versuchte, Sarah anzurufen, doch sie ging nicht ans Telefon. Zwischen all den hilflosen Versuchen Sarahs, sich und ihren Mann auf ihrer Pinnwand zu verteidigen, schien ihr Posting hohl, seelenlos.

Ihr Laptop ließ das Anrufgeräusch erklingen, ihre Abuela saß ungewohnt unsortiert vor der Kamera.

»Wendo, du fliegst sofort nach Barcelona! Jetzt!«

Wendolyn klaubte einige Klamotten zusammen, erklärte der verwirrten Miriam in groben Zügen die Situation, lies sich von ihr zum Flughafen fahren. Sechs Stunden später stand sie in Barcelona vor der Tür des Studierendenwohnheims. Sarah öffnete die Tür nicht, Wendolyns Herz schlug sosehr, die Luft weigerte sich die Lungen zu füllen.

Ein leicht angetrunkener Student ließ sie in das Wohnheim, Wendo stand vor der Tür, hinter der sie Finger über die Tastatur rennen hörte. Sie klopfte, doch es gab keine Reaktion. Mit wenigen Griffen hatte sie das dilettantische Türschloss geöffnet, stand vor ihrer Schwester. Sarah saß zwischen Koffern und Taschentüchern auf dem

Boden ihres beengten Zimmers, der Laptop schrie ihr die Bilder des Todes entgegen. Sie sank wortlos zu ihr auf den Boden, umarmte sie so fest, dass der zarte Körper von der Außenwelt abgeschnitten war,

Soy dominicana? No idea.

Pero, soy hermana.

2015

SANTO DOMINGO

Sebastian stemmte sich in den Türrahmen, seine Mutter hinter sich verdeckt, der Polizist schlug ihm in die Rippen, Sebastians Widerstand zerbrach. Vor der Tür stand ein Bus bereit, in ihm zerbrochene Schicksale. Beide wurden aus der Wohnung gezogen, in Richtung des Busses verfrachtet, Abuelas Stock malträtierte den Leib des bepanzerten Polizisten. Ohne die Diktatorin eines Blickes zu würdigen, zog er seinen Ellbogen in ihr Gesicht. Doch die Diktatorin hatte schlimmeren Schmerz gefühlt, nutzte die Gelegenheit, den Stock in das Gesicht des Mannes zu platzieren. Die Nase knackte unter dem Holzstock, Blut rann über das Gesicht. Sie hörte anhand des Geräusches, dass dieser Schlag gesessen hatte. Dann zerbrach die bewusste Welt, der Kollege hatte den Schlagstock in Abuelas Rücken gerammt, sie sank zusammen, wiederholte stoisch: »Er ist mein Enkel«, doch der Polizist sagte nur: »no en la realidad«. Abuela spürte dieses kleine Wort Quasi, welches nicht reichte als Verwandtschaftsgrad, um ihre Familie zusammenzuhalten. Tränen der Wut rannten über ihr zerfurchtes Gesicht, Sebastian hämmerte gegen die Busscheibe, seine Mutter schwieg, saß wie unbeteiligt neben ihrem Sohn, der Motor brummte, der Bus verließ das Viertel. Quasi-Verwandte, Quasi-Geschwister rannten dem Bus hinterher, hielten Dokumente hoch, die doch nicht beweisen konnten, was sie waren. Soy Dominicanx, war Geschichte. Abuela saß mit blutüberströmten Gesicht in ihrem Sessel, der Computer wählte Sarah an. Beide Schwestern begrüßten sie, ihre Stimmen trocken vor Entsetzen.

»Wo ist Sebastian?«, fragte Sarah. Als Abuela nicht antwortete, fragte sie erneut: »Abuela, wo ist Sebastian? Er ist doch Teil der Familie, wo ist Sebastian?«

Abuela schluckte, sagte »Sebastian es Quasi«. Wendolyn verstand.

Soy dominicana, soy familia, soy quasi.

SchwarzRund kam als Schwarze Deutsche Dominikaner*in mit drei Jahren nach Bremen, lebt seit über einem Jahrzehnt in Berlin. Seit 2013 publiziert sie Prosa, Poesie und Essays auf ihrem Blog schwarzrund.de. In ihren Performances, Vorträgen und Workshops verhandelt sie zudem Behinderung, Dicksein, Queerness und Widerständigkeit. Sie hat einen Bachelor-Abschluss in Kulturwissenschaften und Gender Studies, in den Letzteren schreibt sie derzeit ihre Masterarbeit zu Schwarzen Identitätskonzeptionen in der afro-karibischen Diaspora. 2016 erschien ihr afroqueerer Roman BISKAYA, in diversen Anthologien sind ihre Kurzgeschichten, Interviews und Essays veröffentlicht.

Mehr von SchwarzRund:

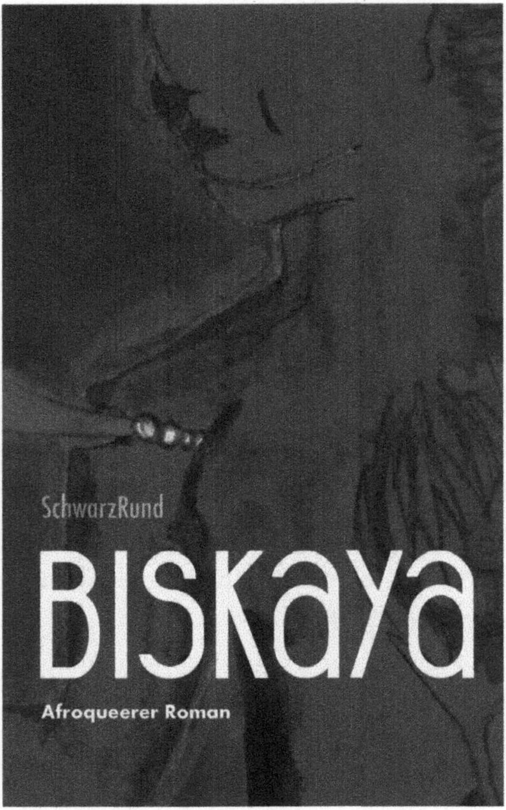

»Biskaya« ist ein afropolitaner Roman über das Leben von Schwarzen Menschen in Berlin. Die dreißigjährige Tue ist mit drei Elternteilen aufgewachsen und verdient heutzutage ihr Geld vor allem als Sängerin einer deutschsprachigen Indie-Band. Doch mit den anderen Bandmitgliedern hakt es und auch ihre WG wird Tue immer fremder, Ruhe findet sie allein bei ihrem besten Freund Matthew. Er ist die Familie, die es in ihrem Leben seit Jahren nicht mehr gegeben hat.

In Biskaya vermittelt SchwarzRund ein Gefühl, wie es ist, Schwarz zu sein in einem Land von Weißen, ohne dieses Schwarzsein mit einer afrikanischen Region verbinden zu können. Pointiert schildert die Autor*in Tues Alltag zwischen diasporischen Lebensrealitäten, Psychiatrie und queerer Wahlfamilie.